EXPLICANDO
Tres textos que suelen tomarse fuera de contexto
Explicando la verdad y exponiendo el error

DAVID PAWSON

ANCHOR RECORDINGS

Copyright ©2018 David Pawson

EXPLICANDO
Tres textos que suelen tomarse fuera de contexto

EXPLAINING
Three texts often taken out of context

El derecho de David Pawson a ser identificado como el autor de esta obra ha sido afirmado por él de acuerdo con la
Ley de Copyright, Diseños y Patentes de 1988.

Traducido por Alejandro Field

Esta traducción internacional español se publica por primera vez
en Gran Bretaña en 2018 por
Anchor Recordings Ltd
DPTT, Synegis House, 21 Crockhamwell Road,
Woodley, Reading RG5 3LE

Ninguna parte de esta publicación podrá ser reproducida o transmitida de ninguna forma o por ningún medio, electrónico o mecánico, incluyendo fotocopia, grabación o ningún sistema de almacenamiento o recuperación de información, sin el permiso previo
por escrito del editor.

**Si desea más de las enseñanzas de David Pawson,
incluyendo DVD y CD, vaya a**
www.davidpawson.com

PARA DESCARGAS GRATUITAS
www.davidpawson.org

**Si desea más información, envíe un e-mail a
info@davidpawsonministry.com**

ISBN 978-1-911173-66-3

Índice

TRES TEXTOS QUE SUELEN TOMARSE FUERA DE CONTEXTO	7
APOCALIPSIS 3:20	10
JUAN 1:12-13	12
JUAN 3:16	15

Las dos responsabilidades importantes que te he dado como maestro: debes explicar la verdad y exponer el error.

Una revelación de Dios dada a David Pawson
Agosto de 2013

Este libro está basado en una charla. Al tener su origen en la palabra hablada, muchos lectores encontrarán que su estilo es algo diferente de mi estilo habitual de escritura. Se espera que esto no afecte la sustancia de la enseñanza bíblica que se encuentra aquí.

Como siempre, pido al lector que compare todo lo que digo o escribo con lo que está escrito en la Biblia y, si encuentra en cualquier punto un conflicto, que siempre confíe en la clara enseñanza de las escrituras.

David Pawson

EXPLICANDO
Tres textos que suelen tomarse fuera de contexto

La Biblia que usted tiene en sus manos no es la Palabra de Dios como él quiso que la tuviera. Cuando Dios nos dio su Palabra, nos la dio en libros, no en capítulos ni en versículos. Durante muchos siglos, los cristianos tuvieron una Biblia sin números de capítulos y versículos en su interior. Entonces tenían que conocerla, porque uno no puede encontrar lo que busca en un libro usando números de capítulos y versículos cuando no existen. La numeración de los capítulos fue obra de Stephen Langton, un arzobispo de Canterbury del siglo trece. Puso las divisiones en los lugares incorrectos en varias ocasiones. Al principio mismo de la Biblia tenemos la semana de la creación, pero el séptimo día está amputado y queda en el capítulo dos. ¡Es insólito describir una semana con seis días en un capítulo y agregar el séptimo día en el siguiente! Luego dividió aquella canción sobre el siervo doliente de Isaías 53, colocando los primeros versículos del canto en el capítulo 52. En Hechos 19, Pablo encontró unos discípulos en Éfeso que parecían ser cristianos, pero les faltaba algo. Encontramos la razón de esa situación inusual en el capítulo 18.

La peor división de todas fue en el último libro de la Biblia, que está llena de "sietes". Hay siete cartas a siete iglesias al principio, y cada carta tiene siete partes. Más adelante, hay siete sellos que se rompen, siete trompetas que suenan y siete vasos de ira derramados. Ahora bien, la mayoría de las personas que leen el libro saben acerca de esos sietes, pero hay un siete que desconocen y pasan por alto completamente. Ocurre cuando hay siete visiones del futuro, porque han sido divididas entre los capítulos 19, 20 y 21, de modo que nunca se leen juntas como una serie de siete visiones. Si se hubieran leído juntas, no tendríamos ninguna discusión acerca del milenio. Estoy seguro que habrá oído acerca de los premileniaristas, los amileniaristas y los posmileniaristas. Es una discusión muy importante, porque solo uno de esos puntos de vista representa la creencia de que Cristo vuelve para gobernar el mundo. Los otros no lo creen en absoluto. Hace una enorme diferencia a la esperanza que uno tiene para el futuro.

Pero estoy tratando con un problema muy diferente ahora, que se ha resumido en el cliché "un texto fuera de contexto se convierte en un pretexto". Significa simplemente que, si uno saca un versículo de lo que lo rodea y lo cita por separado, es probable que le haya dado un significado erróneo, porque cada versículo en las escrituras toma su significado de su contexto. No solo de los versos anteriores o posteriores, sino de la sección donde aparece el versículo, del libro donde aparece y del Testamento donde aparece. El significado de cualquier versículo de la Biblia depende de todo ese contexto. Un texto fuera de contexto a menudo lleva a malentender la Biblia, porque los números de capítulos y versículos no fueron idea de Dios.

Hemos notado que las divisiones de capítulos fueron introducidas primero. Los números de versículos fueron agregados por un impresor de París. Mientras viajaba en un carruaje a Lyon, pensó: "Dividiré los capítulos en versículos, les daré un número a cada uno, y todos podrán encontrar entonces lo que buscan". Fue una causa meritoria, pero errada, porque significa que uno puede tomar un versículo aisladamente e ignorar su contexto. A menudo se obtiene el significado erróneo.

Permítame darle algunos ejemplos. Uno de los textos que estaremos considerando aquí es Juan 3:16. Muchas personas pueden recitar ese versículo, pero pocas pueden recordar lo que dice Juan 3:15 y Juan 3:17. Sin embargo, uno no puede entender Juan 3:16 sin considerar Juan 3:15. El significado que obtendrá será erróneo.

Quiero darle tres versículos que se citan fuera de contexto y a los que se les da por lo general el significado erróneo. En mi libro *El nacimiento cristiano normal* traté de mostrar, a partir del Nuevo Testamento, cómo las personas nacían de nuevo y cómo nacían al reino. Hay cuatro pasos en ese nacimiento: arrepentirse hacia Dios, creer en el Señor Jesús, ser bautizados en agua y recibir el Espíritu Santo. Fui deliberadamente a librerías cristianas y compré todos los libritos que había sobre cómo convertirse en cristiano. La mayoría solo citaban tres textos, y los usaban como la base para aconsejar a una persona interesada, para ayudarla a convertirse en cristiana. Trataré esos tres textos y mostraré cómo cada uno de ellos fue tomado fuera de contexto y recibió un significado distinto del que tiene en la Biblia: Apocalipsis 3:20, Juan 1:12-13 y, sobre todo, Juan 3:16.

Pero consideremos antes otro versículo que se malentiende generalmente por usarse fuera de contexto: "Todo lo puedo en Cristo que me fortalece". Es un versículo hermoso, citado a menudo. Ahora quiero que dedique solo medio minuto a pensar en algo que puede hacer a través de Cristo que lo fortalece, algo que no podría hacer sin él. ¿Puede pensar en algo que le viene a la mente a partir de ese texto? ¿Pensó en dinero? Porque el contexto tiene que ver con el dinero, y tiene que ver con administrar nuestros ingresos, sean grandes o pequeños. El significado del texto es éste: sea que tenga mucho dinero o poco dinero, estoy contento. He aprendido a estar contento con mis ingresos, y a vivir con eso, porque a través de Cristo puedo hacer todo; él me fortalece. Me encanta predicar sobre esto ahora, porque hay muchas personas en Gran Bretaña que luchan por vivir con sus ingresos, y se endeudan. Es un texto muy pertinente. De inmediato uno puede ver cómo un texto fuera de contexto puede hacer que los pensamientos de las personas se desvíen hacia algo bastante diferente.

Vayamos ahora a algunos textos que son citados erróneamente, fuera de contexto, con mayor frecuencia. Habrá escuchado sermones que usan los significados falsos. Primero está Apocalipsis 3:20, y lo veremos rápidamente.

Apocalipsis 3:20
"Mira que estoy a la puerta y llamo. Si alguno oye mi voz y abre la puerta, entraré, y cenaré con él, y él conmigo". Este pasaje es considerado un texto evangelístico. He escuchado a muchos predicadores predicar sobre él. Dicen que la puerta es la puerta del corazón, y Cristo está golpeando a la puerta del corazón de las personas, pidiéndoles que lo dejen entrar. Sin embargo, si uno lo coloca nuevamente en el contexto, no tiene nada que ver con la conversión.

Tiene todo que ver con iglesias. Está dirigido a la iglesia de Laodicea, una iglesia grande con grandes congregaciones y grandes ofrendas. Una iglesia que era considerada por todos como exitosa y, sin embargo, había una persona que no asistía a sus cultos y que nadie extrañaba. Esa persona era Jesús. No asistía a esa iglesia. ¿No es asombroso?

El versículo es una invitación sorprendente, porque nos enseña que solo se requiere un miembro para que Cristo vuelva a estar en la iglesia. ¡Qué promesa! Una iglesia puede ser grande, exitosa y rica, pero a los ojos de Cristo está desesperadamente pobre y enferma. Los miembros no se dan cuenta de esto. Las palabras de Jesús quieren decir: "Estoy parado a la puerta de la iglesia, golpeando, y si una persona adentro me invita a volver, iré y compartiré una comida con ella. Nos sentaremos como amigos". Es una invitación maravillosa.

Cuando fui por primera vez a Laodicea, estaba caminando por las ruinas, que aún no habían sido excavadas, y llegué a una puerta. No era la puerta de una iglesia, pero podría haber sido. Era una puerta gótica, con una parte superior en punta, y estaba parada con el marco sobre el pasto. Cuando volví recientemente, la puerta había sido excavada, pero tomé una fotografía de ella sola entre las ruinas. Si hubiera sido la puerta de una iglesia, habría sido la que estaba golpeando Jesús.

Una persona sola puede hacer que Jesús vuelva a una iglesia grande y exitosa en la que al Señor le encantaría estar, pero las personas están tan satisfechas con su éxito y su prosperidad que no se dan cuenta de que él no asiste a sus reuniones.

Ese texto es sacado fuera de contexto, y esto se debe en gran parte al cuadro más conocido que describe a Jesús, del famoso artista Holman Hunt, denominado "La Luz del Mundo". Uno puede ver el original en la catedral de San Pablo, en Londres. Es un cuadro de Jesús, en la semioscuridad, rodeado por árboles en un huerto, que está golpeando una puerta que no tiene un picaporte del lado de afuera. El artista dijo que solo podría abrirse desde adentro. Hunt usó a tres jóvenes mujeres como modelos para su cuadro de Jesús. Usó una joven pelirroja para el cabello, otra joven con un rostro angelical para la cara y otra mujer delgada para la forma, vistiéndola con una túnica eclesiástica. Cuando uno se entera de lo que está detrás de ese cuadro, pierde de alguna forma el gusto por él. El artista usó la puerta de un establo en un huerto unas millas en las afueras de Londres, donde llevó a las tres jóvenes. Ese cuadro ha interpretado el versículo para todos desde entonces. Es usado en libritos cristianos sobre cómo convertirse en cristiano. Pero el versículo no quiere decir "abre la puerta de tu corazón a Jesús". Significa que cualquier persona adentro de una iglesia puede hacer que Jesús vuelva a entrar. Una sola persona puede invitarlo a entrar. Por lo tanto, no creo que ese versículo deba ser usado para aconsejar a personas en la evangelización.

Dicho sea de paso, una vez que uno encuentra el verdadero significado de un versículo, nunca podrá volver a usarlo con su significado erróneo. Hace muchos años prediqué un sermón evangelístico usando Juan 3:16. No puedo recordar el bosquejo completo, pero mi primer punto era "el más grande regalo" y el segundo, "el más grande amor". Logré hacer un buen bosquejo usando una aliteración, y prediqué el evangelio. Pero nunca podré volver a usar el versículo así, porque ahora sé lo que realmente significa. El significado que antes me encantaba ha desaparecido. No me atrevo a usarlo como lo usé antes, y temo que arruinaré tres versículos para usted ahora, y no podrá volver a usarlos nuevamente, excepto con su verdadero significado. Entonces tendrá un mensaje realmente poderoso. Es un mensaje poderoso decir a la congregación: todo lo que se necesita es que uno de ustedes haga que Jesús vuelva a esta iglesia. Pero no es la puerta del corazón, sino la puerta de una iglesia.

Juan 1:12-13
El siguiente texto que quiero considerar fue usado en casi todos los libritos que compré sobre cómo convertirse en cristiano. Compré treinta y cuatro libritos antes de escribir mi libro *El nacimiento cristiano normal*, para asegurarme de estar en el rumbo correcto. El texto está en Juan 1:11-13: "Vino a lo que era suyo, pero los suyos no lo recibieron. Mas a cuantos lo recibieron, a los que creen en su nombre, les dio el derecho de ser hijos de Dios. Éstos no nacen de la sangre, ni por deseos naturales, ni por voluntad humana, sino

que nacen de Dios". La parte que fue sacada y usada en casi todos los libritos que compré fue: "A cuantos lo recibieron, a los que creen [creyeron[1]] en su nombre, les dio el derecho de ser hijos de Dios".

Algunos hasta cambiaron el tiempo de los dos verbos, leyéndolo así: "A cuantos lo *reciben* [es decir, los que *creen* en su nombre], les da el derecho de ser hijos de Dios". Éste es un cambio muy significativo, pero solo estaban citando el versículo de la forma en que muchos lo leen. La mayoría de las personas pasa por alto el tiempo de los verbos. "Recibieron" y "creyeron" están en tiempo pasado. No están en tiempo presente. No se aplican a las personas hoy. Es una descripción histórica del tiempo cuando Jesús estuvo en la tierra. Pero él no está en la tierra ahora. En los días en que estuvo aquí uno podía invitarlo a almorzar, podía recibirlo en su hogar. Pero uno no puede "recibirlo" ahora. Uno recibe el Espíritu Santo, que ha ocupado su lugar en la tierra.

Mire el contexto: "Vino a lo que era suyo, pero los suyos no lo recibieron. Mas a cuantos lo recibieron... [en esos días], a los que creyeron en su nombre", cuando estuvo en la tierra, "les dio el derecho [o la autoridad] de ser hijos de Dios", y nacieron de nuevo, "no por voluntad humana, sino que nacieron de Dios". Los dos verbos están en el tiempo pasado, así que hablan de lo que ocurrió cuando Jesús vino a su propio lugar y a su propio pueblo, los judíos. Algunos lo recibieron. Muchos no lo hicieron. Algunos le dieron la bienvenida, y muchos no, pero los que lo hicieron nacieron de nuevo por la voluntad de Dios. Es una descripción de lo que ocurrió cuando Jesús estuvo en la tierra, cuando vino a su propio lugar y a su propio pueblo. El contexto les dice que es una referencia al tiempo físico de Jesús en la tierra y al pueblo judío: los que lo recibieron y los que no lo hicieron. Éste es el significado real del versículo. Claramente, su

---

[1] Versiones DHH, NTV, PDT, BLPH y TLA

presencia física los dividió profundamente en dos grupos: los que no lo recibieron y los que lo hicieron. Ése fue el resultado entonces. Pero esa afirmación no se aplica hoy. No puede aplicarse, porque no podemos *recibir a Jesús* hoy. Solo podemos recibir a la tercera persona de la Trinidad, que ha tomado su lugar. Una vez que los cielos recibieron a Jesús, perdiéndose de la vista de sus discípulos, nunca más alguien habló de *recibir a Jesús*. Claramente, nunca dijeron: "Abran la puerta de su vida y déjenlo entrar". No es ésa la forma en que predicaban los apóstoles. Ellos decían: "Crean en Jesús, que está ahora a la diestra de Dios en el cielo". Es ahí donde se encuentra. "Crean en él y reciban a la Persona que ha enviado para ocupar su lugar en la tierra".

Esto significa que, cuando uno trae a alguien al reino, le presenta el Espíritu Santo al mismo tiempo que le presenta a Jesús. Entonces esa persona es trinitaria desde el inicio. Si uno solo le presenta a Jesús, solo le ha presentado una persona de la Trinidad. Esto es una evangelización "unitaria". O tal vez le haya presentado al Padre, a través de Jesús, que es una evangelización "binitaria". La evangelización trinitaria significa presentarle al Padre, al Hijo y al Espíritu Santo. Entonces, cuando la bautizamos, la bautizamos en el único nombre —Padre, Hijo y Espíritu—, porque ha sido presentada a los tres. Entiende la Trinidad desde el principio. Hay muchos cristianos que aún se sienten perplejos ante la Trinidad, a los que nunca se les ha presentado en un nivel práctico las tres personas de la Trinidad. Si hiciéramos nuestra evangelización como corresponde, entenderían una relación con las tres Personas desde el inicio, y no necesitarían que se las presentásemos más adelante.

Ése es mi entendimiento de Juan 1:12. No dice: "A cuantos reciben a Jesús 'hoy', les da el derecho de ser hijos de Dios". El cambio del tiempo verbal hace toda la diferencia. Es una afirmación en tiempo pasado acerca de un período pasado cuando Jesús estaba aquí, entre el pueblo judío, en la tierra de Israel, y es una afirmación cierta acerca de lo que ocurrió. El Espíritu Santo aún no había sido dado, de modo que creyeron en el nombre de Jesús, porque era todo lo que tenían. Creyeron en él, recibiéndolo, como Zaqueo, cuando Jesús dijo: "Quiero almorzar contigo hoy en tu casa". Ése fue el día que llegó la salvación a Zaqueo, que no conocía el Espíritu Santo porque el Espíritu Santo aún no había sido dado. Así que no se lo menciona en ese contexto.

Dado que el contexto inmediato de Juan 1:12 es cuando Jesús vino a su propio lugar y a su propio pueblo físicamente, aquí en la tierra, no podemos por lo tanto deducir que lo que ocurrió entonces debe ocurrir hoy. Debemos tener cuidado en cómo aplicamos la Palabra de Dios. Algunos versículos son claramente para hoy, pero otros son una descripción de lo que ocurrió en el pasado. Debemos ser cuidadosos con relación a cómo la aplicamos hoy. Pero este versículo, junto con Apocalipsis 3:20, estaba en casi todos los treinta y cuatro libritos que compré acerca de cómo convertirse en cristiano. Ambos fueron citados fuera de contexto y recibieron un nuevo significado.

Juan 3:16

Juan 3:16 probablemente sea el versículo que peor se entiende y aplica de todo el Nuevo Testamento. Por curiosidad compré un libro que tenía por título *The Gospel in Four Thousand Languages* (El evangelio en cuatro mil idiomas). Cuando lo abrí, encontré que era simplemente Juan 3:16 en cuatro mil idiomas. Pero, ¿es el evangelio? No lo creo. Cuando uno lee ese texto en su contexto, tiene un significado muy distinto al popular. La mayoría de los cristianos no están seguros acerca del contexto. No conocen lo que dicen los versículos antes o después del v. 16, y si uno toma ese versículo solo lo entenderá mal.

Encarémoslo desde otro punto de vista. Aparece al final de una conversación entre Nicodemo y Jesús. Es una conversación maravillosa y sorprendente. Nicodemo viene al amparo de la oscuridad para hablar con Jesús, para aprender de él. Se lo describe no como "un" maestro en Israel, sino como "el" maestro en Israel (3:10[2]), que significa el máximo rabino, el escriba más importante, el hombre que todos los judíos creían que sabía todo. Ése es el hombre que vino en secreto para aprender de Jesús, y es muy interesante.

La conversación tendría un efecto duradero. Nicodemo fue uno de solo dos hombres del sanedrín (el concejo gobernante de los judíos, que tenía 70 miembros) que votaron en contra de la muerte de Jesús. El otro fue José de Arimatea. De modo que fue un voto de 68-2 que condenó a Jesús a la muerte, en un proceso ilegal del principio al fin. Votar por Jesús tuvo un alto costo para Nicodemo. Fueron esos dos hombres que hicieron los arreglos para el funeral de Jesús y que ungieron su cuerpo, sepultándolo en una tumba cavada en un acantilado en el jardín de José de Arimatea. Es un relato asombroso.

Nicodemo aparecerá más tarde como un amigo y seguidor de Jesús. El principal maestro de los judíos fue lo suficientemente humilde como para reconocer que necesitaba aprender. Un buen maestro es siempre un buen aprendedor, que está constantemente escuchando a los demás y aprendiendo de ellos. Pero, como era "el" maestro, hubiera sido malo para su reputación que fuera visto buscando conocimiento de este nuevo maestro, que era muy popular entre la gente común, pero impopular entre los gobernantes, especialmente los otros miembros del sanedrín. Él sabía que Jesús tenía un tipo de enseñanza diferente. Cuando Jesús enseñaba, ocurrían milagros. Dios hacía algo. Pero, cuando Nicodemo enseñaba, solo enseñaba. Es un reconocimiento

---

[2] Versiones DHH, JBS y RVR1977/1995

bastante importante del principal maestro de la nación, y él le abrió su corazón. Quería saber cuál era el secreto de la enseñanza de Jesús.

Tenemos un resumen de la conversación. Jesús confirmó que a Nicodemo le faltaba algo. ¿Era el maestro de Israel y no sabía realmente la respuesta? Era obvio que Nicodemo no la conocía, así que Jesús se lo explicó. Él había sido ungido con el Espíritu Santo en su bautismo. El secreto es agua y Espíritu, porque fue entonces que comenzó el ministerio poderoso de Jesús. Hasta los treinta años, Jesús no hizo un solo milagro. Pero, luego que fue bautizado en agua y el Espíritu Santo descendió sobre él como una paloma, tuvo un mensaje que produjo milagros. Le dijo: "Nicodemo, necesitas nacer de nuevo de agua y del Espíritu". La mayoría de los evangélicos pasan por alto la palabra "agua", pero la realidad es que se encuentra ahí, y en todos los capítulos anteriores de Juan significa "agua". Aparece el agua más adelante en Juan 3, refiriéndose al bautismo. Creo que lo que realmente le está diciendo Jesús es: "Necesitas ser bautizado en agua y ser bautizado en el Espíritu Santo, y entonces podrás tener un ministerio como el mío. Necesitas nacer de nuevo del agua y del Espíritu". Jesús une el agua y el Espíritu, como ocurrió en su propio caso. Fue entonces que comenzó un ministerio poderoso.

Todo esto es el trasfondo. Claramente esa noche soplaba un fuerte viento en la oscuridad. Es probable que estuvieran sentados en la parte de arriba de una casa, con el viento despeinándolos. Podían sentirlo, y Jesús dijo que el Espíritu es como el viento. Uno sabe cuando lo golpea, pero no sabe de dónde viene, y no sabe adónde va. Pero cuando lo golpea lo siente, y lo sabe. Así es nacer de nuevo de "agua y Espíritu".

Los dos bautismos que necesita un cristiano son el bautismo en agua y el bautismo en el Espíritu Santo, y los dos van de la mano. El bautismo en agua sin el Espíritu Santo se convierte en lo que llamamos "regeneración bautismal", y hay quienes creen que el agua logra la regeneración. Ésa no es una enseñanza bíblica. Es el agua y *también* el Espíritu que logran el nuevo nacimiento. Ambos son necesarios, y tanto el bautismo en el agua como el bautismo en el Espíritu forman parte de ser salvados. Están ambos en la línea horizontal que es el camino de la salvación. En cambio, si uno tiene una línea vertical en mente, donde uno cruza de no ser salvo a ser salvo, pone a ambos bautismos en el lado "salvado" de la línea, como si uno fuera salvo sin ellos. Pero, en el pensamiento del Nuevo Testamento, están ambos en el camino de la salvación, y ambos son tan necesarios como el arrepentimiento y la fe. Ciertamente uno necesita ambos para un ministerio poderoso. Es eso lo que Jesús está enseñando a Nicodemo.

Ni Jesús ni los apóstoles dijeron al público general que debían nacer de nuevo. Solo se lo dijo Jesús a Nicodemo, no a nadie más. Y, sin embargo, la gente entrega el Evangelio de Juan a los incrédulos esperando que lleguen al capítulo tres, y lean ahí que deben volver a nacer. Entonces eliminan el agua y generalmente dicen "nacer del Espíritu". Pero Jesús dijo "agua y Espíritu", y ambos pertenecen a la salvación plena que él quiere para nosotros. Para una explicación más completa, recomiendo mi libro *Jesus Baptises in One Holy Spirit* (Jesús bautiza en un Espíritu Santo).

Eso fija la escena. La conversación siguió. ¿Hasta dónde? ¿Qué dice la Biblia suya acerca de dónde terminó la conversación con Nicodemo? Algunas traducciones usan comillas y hacen que la conversación finalice casi al final del capítulo, en el versículo 21. Los traductores suponen que el resto fue dicho por Jesús. Es un error, ¡pero no hay ninguna traducción infalible! Uno debería escribir las comillas de cierre al final del versículo 15. El versículo 16 no fue dicho por Jesús, ni fue algo dicho a Nicodemo, sino que es el comentario de Juan. Es Juan el que escribe ahora. Tengo cinco razones para enseñar esto, y solo le daré dos aquí.

En el v. 15, si lo lee cuidadosamente, estamos mirando *adelante*, a la cruz; está en el futuro. Pero en el v. 16 estamos mirando atrás a la cruz, como algo que ya ocurrió. Ésa es la primera razón por la que yo detendría la conversación al final del v. 15, y es una razón muy importante. En el v. 14 Jesús ha dicho: "Como levantó Moisés la serpiente en el desierto, así también tiene que ser levantado el Hijo del hombre". Luego, en el v.15: "para que todo el que crea en él tenga vida eterna". Ésa fue la última palabra de Jesús a Nicodemo. Mirando adelante a la cruz, está indicando que esto aún debe ocurrir, y Nicodemo luego lo vio ocurrir. Pero en el v. 16 dice: "Porque tanto amó Dios . . . que dio [pasado] a su Hijo unigénito . . ." [claramente, "dio" no es solo dado en el nacimiento, sino dado en la muerte] "para que todo el que cree en él no se pierda, sino que tenga vida eterna". Si el v. 15 mira adelante a la cruz, y el v. 16 mira atrás a la cruz, entonces claramente Jesús no se lo puede haber dicho a Nicodemo.

La segunda razón es ésta: Jesús siempre se llamó a sí mismo "el Hijo del hombre". Hay muchas razones para esto, algunas de las cuales podrá encontrar en Daniel, y otras en Ezequiel. Hablando de sí, dijo: "El Hijo del hombre vino a buscar y a salvar lo que se había perdido". Jesús, hablando de sí mismo, dice que el Hijo del hombre será levantado, pero en el v. 16 no se lo llama así, sino es llamado el *Hijo unigénito de Dios,* un término que Jesús nunca usó. Juan lo usa en el capítulo 1, y nuevamente aquí, en el capítulo 3. Éste era el título de Juan para Jesús, nunca el título de Jesús para sí mismo. Nuevamente tenemos una sólida razón para poner las comillas de cierre al final del v. 15.

Si Jesús hubiera dicho el v. 16, sería la única ocasión

en toda su vida en que habló del amor de Dios a un incrédulo, porque ni Jesús ni los apóstoles jamás predicaron públicamente acerca del amor de Dios. No era el evangelio de ellos para el mundo. Ésta sería la única excepción, si Jesús lo dijo, pero desde el v. 16 en adelante tenemos el comentario explicativo de Juan. Ha tomado lo que Jesús dijo a Nicodemo en el v. 15 y lo ha continuado, explicándolo con más detalle. Las palabras que estaban en el v. 15 eran que el Hijo del hombre debía ser levantado, para que todo el que creyera pudiera tener vida eterna. Tomando esas palabras, Juan ahora las amplía en el v. 16 y sigue explicándolas, y lo que significan para el creyente cristiano, en el resto de la sección. Por lo tanto, estamos hablando en el v. 16 acerca de algo que Juan dijo acerca de Jesús, y no algo que Jesús dijo a Nicodemo.

Esto es muy importante, porque el amor de Dios no es el evangelio que debemos predicar al mundo. Recomiendo que lean mis dos libritos *Is John 3:16 the Gospel?* (¿Es Juan 3:16 el evangelio?) y *The God and the Gospel of Righteousness* (El Dios y el evangelio de la justicia). En ellos explico por qué nuestro evangelio para el mundo no es un evangelio acerca del amor de Dios. Ni Jesús ni los apóstoles predicaron públicamente jamás acerca del amor de Dios. En el libro de Hechos, por ejemplo, sabemos cómo la iglesia se extendió y cómo se extendió el evangelio. Incluso tenemos varios sermones de Pedro y Pablo ahí, pero ni una vez en Hechos se menciona el amor de Dios. ¿Lo ha notado? No hablaban de eso. Sin embargo, durante los últimos cien años ése ha sido el evangelio que se ha predicado: decir a las personas que Dios las ama. Eso es lo primero que hay que hacer, según un importante plan de evangelización originado en Estados Unidos. Ésa es la primera de las "cuatro leyes espirituales": que Dios lo ama. Pero no era eso lo que predicaban en esos días.

Volvamos a Juan 3:16. Le he dado dos razones importantes (de cinco que le podría haber dado) de que este versículo es de Juan, y no de Jesús, y es un comentario acerca de la conversación de Jesús con Nicodemo. Es Juan quien introduce la palabra "amor" aquí. Descompongamos el versículo y miremos primero los sustantivos que contiene, que son bastante claros. El primer sustantivo es "Dios". Aquí, significa el Dios y Padre de nuestro Señor Jesucristo, el Santo de Israel. Es ése el Dios de quien se habla en este versículo. Es el único Dios que existe. Cuando uno encuentra la palabra "Dios" sola en el Nuevo Testamento, significa Dios el Padre, la primera persona de la Trinidad.

El siguiente sustantivo es "mundo". Ahora bien, no se trata solo de un término geográfico, sino que es un término teológico, y se refiere a este mundo como un mundo caído y pecaminoso. No es solo el mundo. No es solo la raza humana. Es la raza humana caída, la raza humana pecaminosa. Esto es muy importante, porque en su primera carta Juan dice a los cristianos: "No amen al mundo". El mismo escritor dice: "Dios amó al mundo, pero ustedes no lo hagan". Es muy interesante. Está diciendo: "Él amó este lugar pecaminoso llamado mundo, pero ustedes no deben hacerlo. No imiten a Dios, ni intenten imitarlo. No amen al mundo". Juan usa en su carta exactamente las mismas palabras que aparecen acá, en Juan 3:16. Es seguro para Dios amar a un mundo caído. No es seguro para ustedes hacer lo mismo, de modo que les dice que "el mundo" es un término malo. No es solo el mundo, sino el mundo malo, el mundo caído. Ésa es la gracia de Dios, que él amó a un mundo pecaminoso y caído como éste. No se trata de que amó a todos en el mundo, sino que amó a un mundo caído y malo.

El siguiente sustantivo es "Hijo", y Juan dice: "el Hijo unigénito de Dios". Esto no significa que Jesús comenzó en algún punto del tiempo, que Dios tuvo un Hijo en algún punto del tiempo. La palabra "unigénito" se ha traducido a veces "su único Hijo natural". Dios tiene muchos otros hijos, pero son adoptados. Tiene un único Hijo natural, que compartió su naturaleza en todo momento. No significa que en algún punto antes de su nacimiento físico Jesús llegó a ser. Ésa es la herejía de los Testigos de Jehová, y la herejía de muchos otros hoy que no han comprendido que el Hijo de Dios fue el único ser humano que escogió nacer. Yo no escogí nacer. Usted no escogió nacer. Yo no escogí a mis padres. Usted no los escogió. Jesús lo hizo, porque existió antes de ser concebido. Escogió ser concebido. Escogió convertirse en hombre. Jesús no dijo: "Yo *nací* para esto". Dijo: "*Vine* a buscar y a salvar a los perdidos". No dijo: "nací para este llamado". Él decidió venir. Escogió la familia terrenal en la que nacería. Es una verdad importante que a veces olvidamos en el tiempo de Navidad. Pensamos que fue el comienzo de la historia de Jesús. No fue el comienzo en absoluto. Fue un cambio para él, un cambio que escogió.

Ahora noten la expresión "todo el que cree". No es la mejor traducción. La palabra es, literalmente, "todos". Es una palabra simple. "Para que todo el que cree . . ." no se trata de cada *uno*, sino de todos. "Para que cualquiera que crea"; "para todos los que creen". Es una palabra inclusiva, que es mucho más amplia. Tendrá que creerme en muchas de estas cosas, a menos que conozca el griego, pero les estoy diciendo la verdad.

El último sustantivo aquí es "vida", pero ¿qué clase de vida? Una vida que es cantidad y también calidad, de modo que los traductores están divididos en cuanto a llamarla vida perpetua (eterna) o abundante. Es ambas cosas. Es vida que sigue para siempre y es vida de la mejor clase. Esa palabra "vida" es una palabra maravillosa. Todo el que crea puede tener vida.

Estamos pasando de los sustantivos a los verbos. Consideraremos estos verbos desde el punto de vista de sus tiempos verbales. Aquí tiene una pequeña lección de griego. Espero que no sea demasiado complicado. Dos tiempos de verbo en el griego son el aoristo y el presente continuo. El aoristo se refiere a algo que ocurrió una vez en el pasado, un suceso único que vino y se fue. El tiempo presente continuo se usa para algo que sigue ocurriendo. Lo ilustro refiriéndome a la diferencia entre decir de alguien que ha sido atropellado que "respiró", que sería como el tiempo aoristo, queriendo decir que respiró una vez. Si uno dice "está respirando", es el tiempo presente continuo, también en inglés (español), y significa que continúa respirando.

Veamos ahora los verbos, y esto es crucial para entender Juan 3:16. El verbo "amó" está en el tiempo aoristo, que significa algo que Dios hizo *una vez*. Éste es el primer impacto en este versículo. Todos suponen que nos dice que Dios ama al mundo siempre. Hay una verdad ahí, pero en realidad en este versículo la verdad es que Dios una vez amó al mundo caído, en una única ocasión, y fue cuando dio a su Hijo. Prácticamente cada mención del amor de Dios en las escrituras está vinculada con la cruz. Uno lo encuentra en Romanos. Lo encuentra en las cartas de Juan. Fue el suceso singular en que Dios amó al mundo caído. Ésa es la palabra "amó". No es una de esas otras palabras que hablan de diferentes tipos de amor: *epithumia* (el amor de la adicción), *eros* (el amor de la atracción) o *philia* (el amor del afecto). La palabra que se traduce "amor" aquí es *agape*, el amor de la acción. Tiene que ver con el momento en que Dios actuó para ayudarnos a nosotros, pobres pecadores. El amor fue demostrado en acción. Nació de la emoción, de su compasión por nosotros, pero fue demostrado en acción el día que murió Cristo. *Dios amó una vez cuando dio su Hijo por nosotros.*

Sin embargo, la palabra "creer" está en el tiempo presente continuo en el griego. No se trata de los que *creyeron* sino de los que *creen*. La mejor traducción en inglés (español) es *todo el que sigue creyendo*, continuamente. Significa no creer una vez, sino una vida continua de fe. Eso vuelve a hacer una diferencia importante en el versículo, ¿no es cierto? No se trata solo de alguien que creyó en Jesús veinte años atrás. Se trata de alguien que sigue confiando en Jesús y obedeciéndolo.

El siguiente verbo es "perderse", que está en el tiempo aoristo, así que es un suceso único. Ocurrirá una vez a algunas personas. Ellas se perderán una vez. La palabra "perderse" no significa "dejar de existir". Significa arruinado, echado a perder. Los edificios arruinados pueden ser interesantes. Uno se pregunta cómo eran cuando eran nuevos. Cuando un edificio está en ruinas no sirve para nada, y cuando una persona está arruinada no sirve para nada. En inglés (español) usamos la palabra "perderse" (echarse a perder, deteriorarse, estropearse) para algo que se ha vuelto inútil. Hablamos de una bolsa de agua caliente o un neumático de un coche que se ha echado a perder. Cuando un neumático se ha deteriorado sigue teniendo la apariencia de un neumático. Tiene la forma de un neumático, sigue existiendo, pero, como la goma se ha estropeado, ya no sirve para su coche. Un gran problema es deshacerse de los neumáticos, aunque pueden ser reciclados ahora y convertidos en superficies de caminos. Muchos seres humanos enfrentan la posibilidad de echarse a perder un día, y no volver a tener ningún uso para Dios.

Cuando algo se ha echado a perder, ¿qué hace usted? Lo puede arrojar al basural o, si estuviera en Jerusalén, lo arrojaría al "infierno". El valle de Hinón está justo en el lado sur de la ciudad. Cuando fui por primera vez, era un basural, y la basura se quemaba. Subía un humo azul del lugar. Es un valle muy profundo, tan profundo que el sol no llega al fondo. Está justo afuera de la puerta del sur, llamada significativamente la Puerta del Muladar porque, antes que hubiera inodoros y cloacas, llevaban todos los excrementos humanos en baldes a través de la Puerta del Muladar y los arrojaban por el borde del acantilado al valle de Hinón, o Gehena. Se lo mantenía con el fuego encendido, para que no aumentara la basura, pero junto con el fuego había comida podrida, con gusanos y lombrices que la comían. Era en ese entonces un lugar horrible, sucio y oloroso. No lo es ahora. Lo han "redimido", convirtiéndolo en un hermoso jardín diseñado. Los jóvenes enamorados de Jerusalén pueden ir ahí a caminar en el crepúsculo.

He predicado en el fondo de ese valle; por lo tanto, he predicado en "el infierno", en Gehena. Jesús enseñó que, si querían saber cómo es el infierno, que fueran y miraran ese valle. Nos dijo que el infierno es donde las llamas nunca dejan de arder, donde se arroja toda la basura. El valle de Hinón es donde finalizó el cuerpo de Judas Iscariote. Se ahorcó colgándose de un árbol arriba del acantilado. Puso una soga alrededor del cuello, se arrojó del acantilado y la soga se rompió. Cayó al fondo y se le salieron las entrañas; sus intestinos estallaron. Al día de hoy, esa parte del valle es llamada "Acéldama", el Campo de la Sangre. Es ahí también donde arrojaban los cuerpos de las víctimas crucificadas. El cuerpo del Señor Jesús mismo habría sido arrojado allí si José y Nicodemo no hubieran encontrado una tumba, porque todas las víctimas crucificadas eran consideradas como basura. ¡No sirven, deshág003se de ellas!

Jesús mismo enseñó que el infierno es donde se arrojan los seres humanos inútiles. Nunca dijo que Dios *envía* a las personas al infierno. Siempre dice que Dios las *arroja* al infierno. Uno no *coloca* la basura. La arroja, se deshace de ella. Y Dios arrojará a las personas inútiles, echadas a perder, al infierno. El mejor cuadro que podemos tener de esto es cuando miramos por el acantilado abajo al valle y pensamos en cómo era antes. Subrayo el hecho de que la palabra "perderse" no significa que *dejan de existir*; significa que siguen existiendo como algo inútil para Dios. Esa es la cosa más terrible que uno puede decir acerca de un ser humano: que ya no le sirve a Dios. Es espantoso. Imagine a una persona que ha llegado al punto en que Dios dice: "Ya no puedo volver a usarte; eres basura".

Así era como Jesús hablaba del infierno y, dicho sea de paso, él dio muchas advertencias acerca del infierno. Todas menos dos fueron dadas a creyentes que habían nacido de nuevo. Dos fueron dadas a los fariseos, pero todas las demás fueron a personas que habían nacido de nuevo, no por voluntad humana, sino de Dios, al creer en el nombre de Jesús. Éste es un punto muy importante para los que creen en el concepto de "una vez salvo, siempre salvo". Es un pensamiento muy solemne. *Son los cristianos quienes deben temer el infierno, además de los incrédulos.* Yo temo ir al infierno. Temo echarme a perder. Seguiré creyendo, y entonces no me echaré a perder.

El verbo "tener" está, nuevamente, en el presente continuo. No es que ahora usted *tiene* vida eterna, sino que *la seguirá teniendo si sigue creyendo*. Esos dos verbos van juntos. Espero que empiece a ver que este versículo, escrito por Juan, fue escrito para creyentes, no para incrédulos, instándolos a seguir creyendo y a seguir teniendo vida al seguir creyendo. Por cierto, es lo que Juan dijo al final de su Evangelio: "He escrito todas estas cosas para que ustedes puedan seguir creyendo que él es el Hijo de Dios y, al seguir creyendo, puedan seguir teniendo vida eterna". Juan está preocupado por los cristianos que dejan de creer, que pierden su fe o, como dice Pablo, que han naufragado en la fe. Es muy fácil que ocurra, y por eso Jesús advirtió a los creyentes nacidos de nuevo que temieran el infierno y siguieran adelante en fe, que siguieran creyendo hasta el fin. El que persevera hasta el fin será salvo; era lo que enseñaba Jesús. Es una promesa. No el que *una vez comenzó* a creer, sino el que persevera hasta el fin será salvo. Hay una salvación futura, que nos espera más adelante.

Hemos considerado los sustantivos y los verbos, pero algunas de las palabras más pequeñas que no he mencionado están entre las más importantes. La palabra "en" es muy importante: los que creen *en* él; no solo *que* Jesús murió. Siempre digo a las personas la diferencia entre creer "que" Jesús murió por nuestros pecados y creer "en" él. Alguien puede creer *que* una persona existe, pero ¿cree *en* esa persona?

Una vez pregunté a una congregación en Alemania: "¿Cuántos de ustedes creen en mí?". Cinco personas levantaron la mano, incluyendo una mujer bien vestida en la primera fila. La miré y le dije: "¿Usted cree en mí?". "Sí", contestó. "¿Cómo lo sé? No lo sé. Usted ha dicho que cree en mí, pero no sé si realmente cree en mí". Continué: "Si usted me da todo su dinero para que se lo cuide, sabré que cree en mí". ¡Toda a iglesia quedó como congelada! Podía sentir cómo la temperatura caía, y pensé: "¿Qué dije?". Luego me dijeron que era la mujer más rica de la ciudad. Su esposo, que había fallecido, tenía propiedades en todo el centro de la ciudad, y se las había dejado a ella. Era ahora una multimillonaria. Creo que había dado dinero para construir el edificio de la iglesia donde estábamos. ¡Me cuido más ahora de lo que digo desde el púlpito!

Hay una enorme diferencia entre creer "que" Jesús murió por usted y creer "en" el Jesús que murió por usted. Solo sabrá Jesús que usted cree "en" él cuando se lo demuestre, cuando actúe de tal forma que demuestre que está confiando en él. Por eso Santiago, en su epístola, enseñaba que la fe sin obras —la fe que no se expresa en acción— está muerta. Uno puede decir lo que quiera, pero la fe no es palabras. No es solo decirlo y reclamarlo. La fe es acción, hacer algo para mostrar a Jesús que uno confía en él. Actuar en fe demuestra que uno confía en él. Fue cuando Abraham ofreció a Isaac que Dios le dijo estas palabras asombrosas, con sus enormes implicaciones: "Ahora sé que temes al Señor". No lo sabía hasta entonces. Ahora Dios estaba seguro. Él quiere que todos probemos nuestra fe para mostrarle que realmente confiamos en él de una forma u otra. Significa asumir un riesgo de algún tipo. Significa confiar en él en una crisis. Significa mostrarle que creemos en él. Ésa es la palabrita "en".

Ahora quiero tratar dos palabras más. Este versículo comienza con la palabra "porque". Esto es muy importante. Cada vez que uno ve la palabra "porque" debe preguntar para qué está ahí. Hay una razón, y la razón de un "porque" es que es una continuación de lo que acaba de decirse. La oración está basada en las oraciones anteriores. "Porque" (pues) significa que uno tiene que volver al contexto para descubrir por qué el autor lo está diciendo.

La última palabra, y la más incomprendida, es la palabrita "así" (de tal manera, tanto). Lamentablemente, en el inglés (español) aparece en el lugar incorrecto. El griego dice: "Porque así Dios amó al mundo". Viene antes de la palabra "Dios", y es esto lo que ha confundido a muchos de nosotros. Pensamos que quiere decir que Dios amó tan profundamente y tan maravillosamente al mundo, pero no es lo que quiere decir en absoluto. La palabra "así" ocurre en realidad en la oración anterior, y es ahí donde entendemos su significado. Es exactamente la misma palabra. "Como levantó Moisés la serpiente en el desierto, así también tiene que ser levantado el Hijo del hombre". Es la misma palabra griega *houtos*, que significa: exactamente de la misma forma, tal cual. *Como levantó Moisés la serpiente en el desierto, así también, de la misma forma, tal cual, tiene que ser levantado el Hijo del hombre*. Aquí vuelve a aparecer esa palabra. Porque Dios, de esta misma forma, amó al mundo. Porque Dios así amó al mundo. La mejor traducción en inglés (español) supongo que sería: "Tal cual amó Dios al mundo..." o "De la misma forma amó Dios al mundo..."

   Se está haciendo una comparación entre dos sucesos del mismo tipo, y es por eso que uno no puede entender Juan 3:16 sin Juan 3:14 y 15. Van todos de la mano. "Porque de la misma manera amó Dios" vuelve atrás a un incidente espantoso en que muchos miles del pueblo de Israel murieron a manos de Dios. Vuelve a los días en el desierto. Se está refiriendo a Números 21. Los hijos de Israel aún estaban en el desierto en el medio de cuarenta años de castigo por no tener la fe para entrar en la Tierra Prometida luego de dos semanas. Podrían haber entrado en la tierra de Canaán en menos de un par de semanas, pero no tuvieron la fe suficiente. Enviaron espías y, de los doce que fueron, diez volvieron y dijeron: "Nunca entraremos ahí. Las personas son más grandes que nosotros. ¡Son gigantes, y los muros de las ciudades llegan hasta los cielos!". Pero dos de ellos, Josué y Caleb, creyeron que el pueblo entraría porque irían sobre los hombros de Dios, y eso los haría más altos que las personas más altas del lugar. Me encanta eso; es un argumento muy elegante. "Y sobre los hombros de Dios miraremos por encima de los muros de sus ciudades". En Jericó, la primera ciudad que tomaron cuarenta años después, los muros cayeron. Pero tuvieron que pasar cuarenta años en el desierto, hasta que todos estuvieran muertos, excepto Josué y Caleb.

   Todos los demás perecieron en el desierto, pero mientras aún estaban vivos y vagaban por el desierto, algo ocurrió. Estaban desesperados por la falta de comida, y recordaron la dieta de Egipto, donde tenían cebollas, ajo y comida picante. Se quejaron, y Dios les dio algo que llamaron "maná" (en hebreo, "¿qué es?"). Cada mañana, ahí estaba sobre el suelo del desierto, y todo lo que tenían que hacer era recogerlo. Tenía todos los carbohidratos, proteínas y vitaminas que necesitaban. Lo llamaron pan del cielo. Durante los primeros días lo disfrutaron, pero imagínense tener "¿qué es?" para el desayuno, el almuerzo, la merienda y la cena, año tras año. Los niños le preguntan: "¿Qué hay para el almuerzo?", y usted le contesta: "¿Qué es?". Luego de haber comido "¿qué es?" en cada comida durante uno o dos años, se hartaron y se quejaron. Les estaba permitiendo sobrevivir en el desierto, donde no había comida, pero se quejaron. "Estamos hartos del maná". Se quejaron a Dios porque él lo había mandado.

Para castigarlos, Dios envió una gran cantidad de serpientes venenosas que entraron en el campamento, y todos los que fueron mordidos murieron. Era una plaga de serpientes, y ahora se dieron cuenta de que habían estado mal en quejarse a Dios. Pidieron a Moisés que fuera a decir a Dios que lo lamentaban y que no debían haberse quejado. Moisés fue y le dijo: "Dios, están muy arrepentidos ahora. ¿Podrías quitar las serpientes, por favor?". Dios dijo: "No, no lo haré. Dejaré las serpientes, pero daré a las personas una cura para la mordedura de las serpientes. Para la cura, toma un palo de madera y ponlo arriba de la colina más cercana. Haz, entonces, una serpiente de metal y fíjala al palo. Cuando la levantes, todo lo que tiene que hacer el que haya sido mordido por una serpiente venenosa es subir a esa colina y mirar la serpiente del palo, y el veneno será neutralizado. Pero tienen que hacerlo. Dejaré la amenaza de muerte, pero les daré una cura".

Por lo tanto, Juan está diciendo: *"De la misma forma* Dios amó al mundo, que dio a su Hijo unigénito . . ." "De la misma forma", dice Jesús a Nicodemo, "el Hijo del hombre será levantado", sobre un palo de madera. Si alguien va y lo contempla, el veneno lo dejará. Uno puede ver la conexión y la lección obvia. Por eso la cruz es tan importante. Todo el que esté enfrentando la muerte por su pecado, simplemente tiene que ir y mirar la cruz, contemplarla, la provisión de

Dios para el pecado. ¡Es asombroso!

¿Ven ahora la razón de las palabras "porque" (pues) y "así" (de la misma forma) en Juan 3:16? El autor está trazando un paralelo con ese incidente en Números 21. ¿No es asombroso que al lado de Juan 3:16 hay un versículo que habla de la muerte de miles de personas del pueblo de Israel a manos de Dios, y su cura para eso? Ése es el contexto. Si no conoce Números 21, no entenderá Juan 3:16. El contexto debe volver bien atrás, a los primeros libros del Antiguo Testamento, si queremos entender el v. 16.

Juan está dando el versículo 3:16 a creyentes que corren peligro de ser envenenados, y esto llevará a la segunda muerte, la muerte que significa echarse a perder. Está diciendo: "Ustedes pueden ser curados si vuelven a la cruz, la miran y piensan en ella". Juan es el Evangelio para que los creyentes sigan creyendo y sigan teniendo vida. Es que uno no puede seguir teniendo vida eterna si no mira a Jesús y sigue mirando. No tenemos vida en nosotros mismos. Somos una rama de la vid verdadera. Jesús dijo: "Permanezcan en mí. Quédense en mí y entonces tendrán mi vida en ustedes". De eso se trata el Evangelio de Juan, y de eso se trata este pasaje en el corazón de ese libro. Así que vaya y enseñe a otros lo que realmente dice Juan 3:16.

Si bien estos tres textos que he tomado son todos usados para aconsejar a incrédulos, uno de ellos no es acerca de creyentes hoy o incrédulos hoy, y dos de ellos son para creyentes y no incrédulos. Lo trágico es que si uno presenta Juan 3:16 y dice que es el evangelio, no hay nada ahí sobre arrepentirse y nada acerca del bautismo. En realidad, no hay nada acerca de arrepentirse en todo el Evangelio de Juan, y ése es uno de los argumentos que usan las personas que hablan de la gracia gratuita. Dicen que no necesitamos arrepentimiento, y que hay perdón disponible sin arrepentimiento porque el Evangelio de Juan no menciona el arrepentimiento. Pero no lo menciona porque fue escrito para creyentes que se supone que ya se han arrepentido. Está escrito para hacer que las personas sigan creyendo. Para que sigan creyendo y así seguir teniendo vida y nunca echarse a perder. ¡Qué versículo asombroso!

¿Le resulta nuevo mucho de lo que le expliqué? Bueno, piénselo, estúdielo en griego si puede, o vaya a alguien que sabe griego y compruebe si lo que he enseñado aquí es verdad. Siempre verifique lo que dice el predicador. Por favor no acepte nada de lo que David Pawson le explica sin verificarlo en su Biblia. No quiero que crea nada que he escrito si no lo puede encontrar por su cuenta. Así que no diga: "¿Saben lo que cree David Pawson?". Vaya y verifique lo que digo, y luego vaya y diga a la gente: esto es lo que dice la Biblia. Ése es un fundamento mucho más seguro para su fe. No quiero crear un club de fanáticos. Quiero contarle la verdad hasta donde la conozco, y pedirle que busque en las escrituras por usted mismo y encuentre toda la verdad de lo que Dios nos ha dicho en su Palabra.

ACERCA DE DAVID PAWSON

David es un orador y autor con una fidelidad intransigente a las Sagradas Escrituras, que trae claridad y un mensaje de urgencia a los cristianos para que descubran los tesoros ocultos en la Palabra de Dios.

Nació en Inglaterra en 1930, y comenzó su carrera con un título en Agricultura de la Universidad de Durham. Cuando Dios intervino y los llamó al ministerio, completó una maestría en Teología en la Universidad de Cambridge y sirvió como capellán en la Real Fuerza Aérea durante tres años. Pasó a pastorear varias iglesias, incluyendo Millmead Centre, en Guildford, que se convirtió en modelo para muchos líderes de iglesia del Reino Unido. En 1979 el Señor lo llevó a un ministerio internacional. Su actual ministerio itinerante está dirigido principalmente a líderes de iglesia. David y su esposa Enid viven actualmente en el condado de Hampshire, Inglaterra.

A lo largo de los años ha escrito una gran cantidad de libros, folletos y notas de lectura diarias. Sus extensas y muy accesibles reseñas de los libros de la Biblia han sido publicadas y grabadas en "*Unlocking the Bible*" (*Abramos la Biblia*). Se han distribuido millones de copias de sus enseñanzas en más de 120 países, proveyendo un sólido fundamento bíblico.

Es considerado como "el predicador occidental más influyente de China" a través de la transmisión de su exitosa serie "*Unlocking the Bible*" a cada provincia de China por Good TV. En el Reino Unido, las enseñanzas de David se transmiten habitualmente por Revelation TV.

Incontables creyentes de todo el mundo se han beneficiado también de su generosa decisión en 2011 de poner a disposición sin cargo su extensa biblioteca audiovisual de enseñanza en www.davidpawson.org. Hemos cargado también hace poco todos los videos de David a un canal dedicado en **www.youtube.com**

VEA EN YOUTUBE
www.youtube.com/user/DavidPawsonMinistry

LA SERIE EXPLICANDO
VERDADES BIBLICAS EXPLICADAS SENCILLAMENTE

Si usted ha sido bendecido al leer, ver o escuchar este libro, hay más disponibles en la serie. Por favor regístrese y descargue más libritos visitando **www.explicandoverdadesbiblicas.com**

Otros libritos en la serie *Explicando* incluirán:
La historia asombrosa de Jesús
La unción y la llenura del Espíritu Santo
La resurrección: *El corazón del cristianismo*
El estudio de la Biblia
El bautismo del Nuevo Testamento
Cómo estudiar un libro de la Biblia: Judas
Los pasos fundamentales para llegar a ser un cristiano
Lo que la Biblia dice sobre el dinero
Lo que la Biblia dice sobre el trabajo
Gracia: *¿Favor inmerecido, fuerza irresistible o perdón incondicional?*
¿Eternamente seguros?
Tres textos que suelen tomarse fuera de contexto: *Explicando la verdad y exponiendo el error*
LaTrinidad
La verdad sobre la Navidad

Tambien nos encontramos en proceso de preparar y subir estos libritos que puedan ser comprados como copia impresa de:
www.amazon.co.uk o **www.thebookdepository.com**

ABRAMOS LA BIBLIA

Una reseña única del Antiguo y el Nuevo Testamento del internacionalmente aclamado orador y autor evangélico David Pawson. *Abramos la Biblia* abre la palabra de Dios de una forma fresca y poderosa. Pasando por alto los pequeños detalles de los estudios versículo por versículo, expone la historia épica de Dios y su pueblo en Israel. La cultura, el trasfondo histórico y las personas son presentados y aplicados al mundo moderno. Ocho volúmenes han sido reunidos en una guía compacta y fácil de usar que cubren el Antiguo y el Nuevo Testamento en una única edición gigante. El Antiguo Testamento: *Las instrucciones del fabricante* (Los cinco libros de la Ley), *Una tierra y un reino* (Josué, Jueces, Rut, 1-2 Samuel, 1-2 Reyes), *Poesías de adoración y sabiduría* (Salmos, Cantares, Proverbios, Eclesiastés), *Declinación y caída de un imperio* (Isaías, Jeremías y otros profetas), *La lucha por sobrevivir* (1-2 Crónicas y los profetas del exilio) – El Nuevo Testamento: *La bisagra de la historia* (Mateo, Marcos, Lucas, Juan y Hechos), *El decimotercer apóstol* (Pablo y sus cartas), *A la gloria por el sufrimiento* (Apocalipsis, Hebreos, las cartas de Santiago, Pedro y Judas).

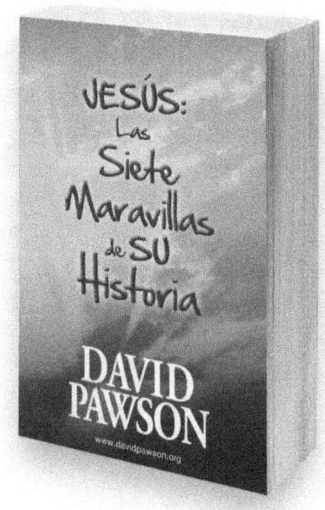

JESÚS
LAS SIETE
MARAVILLAS
DE SU
HISTORIA

Este libro es el resultado de toda una vida de contar "la más grande historia jamás contada" por todo el mundo. David la volvió a narrar a varios cientos de jóvenes en Kansas City, EE.UU., que escucharon con un entusiasmo desinhibido, "twiteando" por Internet acerca de este "simpático caballero inglés" mientras hablaba.

Tomando la parte central del Credo de los Apóstoles como marco, David explica los hechos fundamentales acerca de Jesús en los que está basada la fe cristiana de una forma fresca y estimulante. Tanto los cristianos viejos como nuevos de beneficiarán de este llamado a "volver a los fundamentos", y encontrarán que se vuelven a enamorar de su Señor.

OTRAS ENSEÑANZAS
POR DAVID PAWSON

Para el listado más actualizado de los libros de David ir a: **www.davidpawsonbooks.com**

Para comprar las enseñanzas de David ir a: **www.davidpawson.com**

www.ingramcontent.com/pod-product-compliance
Lightning Source LLC
Chambersburg PA
CBHW071508080526
44587CB00016B/2727